www.united-pc.eu

Tom Eriel

PORI (III)

BEGEGNUNGEN EINES GEISTES
DIE HYDRA AUS STÖRMTHAL
UND ANDERE GESCHICHTEN

Tue niemandem Gutes,
wenn Dir nichts Böses widerfahren soll.

Vorwort

Im vorliegendem Büchlein handelt es sich ausschliesslich um Bekanntschaften, die in Flirtportalen über das Internet geknüpft wurden.- Ja, das Internet macht es heutzutage möglich, was im realen Leben kaum praktikabel ist.

Mit Internet bist Du befähigt Zeit und Raum zu über winden, aber   kannst auch süchtig werden, dass man das reale Leben um sich vergisst und dazu verleitet wird falsche Prämissen zu setzen. Auch garantiert es keinen glücklichen Ausgang eines Flirts,- es kann viel zu viel gelogen werden.

Ein jeder verarscht hier jeden, so gut es geht, -und wer an die geschriebenen Worte und Nachrichten, die man erhält glaubt, ist selbst schuld.

Kriminell wird es nur dann, wenn Geld ins Spiel kommt und das passiert leider sehr oft. Auch ich musste da schon sehr viel Lehrgeld bezahlen,-und nicht nur bei angebeteten Damen aus dem Ausland, wie amerika - nische Ladies, aus Ghana, Großbritannien oder Ladies aus Russland, aber auch Damen und Herren aus Deutschland beherrschen mittlerweile die Fähigkeit der unlauteren Geldbeschaffung.

Ich habe durch ein Vorgaukeln von Liebe sehr viel Geld verloren...-und sage niemand, „das könnte mir nicht passieren..." -niemand ist davor gefeit, wenn es um Gefühle geht mit denen man spielt. Bekannteste Masche nach dem Austausch heißer und schmachten der Mails,- ich brauche Deine Hilfe –schicke mir bitte dringend Geld (zB. für Flugticket, Familienmitglied erkrankt, Krankenhaus oder sonstige Notsituation - man ist da unendlich erfinderisch). Und wenn Du zögerst, setzt man Dich noch moralisch unter Druck- und bekommst vorgeworfen,- Du hättest zu wenig Vertrauen, liebst nicht wirklich....

In solchen Fällen, sofort Dialog einstellen, zu 99% wirst du verarscht.-Und glaube nicht an die berühmte Ausnahme. Man ist nur auf Dein Geld aus.

Mit Geld kannst Du der Dame Deines Herzens immer noch helfen, wenn Sie Dir gegenüber steht, wenn Ihr Euch von Angesicht zu Angesicht schon einmal gese- hen habt. - und selbst das ist noch keine Gewähr, dass Du nicht ausgenommen wirst.

Wie gesagt, ist mir das auch mit einer deutschen "Da-

me" aus Eisleben passiert, die mich um Hilfe ansprach.
So nach und nach, - 5000,00€ waren dann unwieder-
bringlich verloren., nur weil ich mich von meinem
Sexualtrieb steuern ließ,- trotz Kenntnis der Adresse
und Bankkonto war die Polizei machtlos...
Eine andere Art der Täuschung erlebte ich im letzten
Jahr, durch eine Russin aus Omsk. Eine ganz neue
Masche, sie bat nicht um Geld, nur um meine Leistung,
so dass ich absolut keinen Verdacht schöpfte und an
ihre Liebe glaubte. Sie bat mich für Ihren Chef, der
in teuren Onlineshops in Deutschland und Frankreich
Sachen wie Kleider, Kosmetik und Schuhe eingekauft
hatte aus "Steuergründen" anzunehmen in ein Paket
zu packen und nach Russland zu schicken. Es entstan-
den mir keinerlei Kosten, man übersandte mir auch
per Internet die bezahlten Paketaufkleber, so dass
mir keinerlei Postgebühren entstanden.- Ärgerlich
wurde die Angelegenheit nur als ich dann später von
den Shops Mahnungen zur Begleichung der
Rechnungen erhielt,-man hatte auf meinem Namen
eine Kreditkarte gefälscht- die Schecks platzten
dann selbstverständlich später und die Waren gingen
ja an meine Adresse, die ich selbstverständlich der
Liebsten mitgeteilt hatte,- so wurde ich unwissentlich
Teil einer international agierenden Betrügerbande...
Aber man kann auch Glück haben, wie mit der Hexe
aus Stockstadt (Hessen). Zwar scheiterte leider die-
se Beziehung ebenfalls nach zwei Besuchen -durch
eben der erwähnten Lügerei, -ich hatte mich um fünf-

zehn Jahre jünger geschwindelt, was bei der Dame aus verständlichen Gründen nicht gut ankam.

Das größte Debakel erlebte ich aber mit einer Witwe, wie sich später herausstellte-der Hydra aus Störm - thal, die mich so sehr täuschte,- so das ich auf schönen Schein hereinfiel –Geborgenheit im kleinen Häuschen mit Grundstück vorgaukelte... Den größten Fehler den ich mir dabei vorwerfen lassen muss, meine alte Mutter mit hineingezogen, Sie überredet zu haben ihr Heim aufzugeben und mit mir nach Störm - thal zu ziehen und es zugelassen habe, sie um ihre gesamten Ersparnisse gebracht zu werden.

Selbstverständlich, lasse ich all diese Erlebnisse wieder über den Geist Pori berichten, da ja bekanntlich ein Geist ungestraft mehr sagen darf als wir Menschen.

Sämtliche im Buch beschriebene Personen sind real und entstammen aus wirklichen Begebenheiten.

In ewiger Dankbarkeit an Frau Susanne Eifert, die die Retter ihrer Immobilie an den Bettelstab brachte.

Tom Eriel
Leipzig im Frühjahr 2019

BUCH I

DIE HYDRA AUS STÖRMTHAL

Prolog

Was ich schon immer gerne wissen wollte,
ich zweifele es an, jedoch man sollte
sich einmal gründlich darüber befragen
um die Wahrheit über den Fliederweg zu sagen...

Oft irrt man da sich sehr, indessen,
jetzt fast schon die Frage vergessen:
Was meint Ihr, weiß ich´s nimmer
von einer Hydra im Nachbarzimmer?

Oder:
Kein Stachelschwein lässt sich rasieren,
ein Kahlkopf lässt sich nicht frisieren,
Dummheit und Naivität sind nicht zu kurieren. -

Zeit danach

Beendet die glücklose Ehe,
geblieben die Schmerzen und Wunden
und auch Bilder aus einer schönen Zeit,
nur noch Bitternis ist geblieben.

Verlassen die tägliche Planmäßigkeit
durch die die Liebe erstarb.
Nun versunken im Chaos,
-die wiedergewonnene Freiheit.

Befriedigung-bis hin zum Exzess.
Frühmorgens –aus dem Koma erwachend
in den Armen
nackter, fremder Frauen.

Die Nächte wurden immer länger,
und täglich- der Stoff immer härter,
die Frauen immer jünger
und er begann sich selbst zu hassen.

So groß der Schrei nach Liebe,
dass er selbst ein loses Mädel nahm
doch nur Blei eines Luden
als Quittung bekam..

Und scheinbar dann gefunden,
wonach solange er schon gesucht.
-Vernunft des Seins,
-Trugbild des Scheins.

Der Wandel

Genug von jenen Eskapaden,
genug vom Stumpfsinn jener Nächte,
Doch alleine wollte er nicht bleiben,
-alleine konnte er nicht sein.

Nun – die Suche der Vernunft
Schönheit und Jugend
stand auf einmal
nicht mehr in dem Vordergrund.

Und er ging in die Fremde,
ließ alles zurück
was für ihn von Bedeutung,
teuer und wichtig.

Hätt´er´s nur niemals nicht getan!

Die Unendlichkeit des Augenblicks

Du lebst den Augenblick
der Dir so unendlich scheint
bis hin zum Nächsten---.
Am Ende nennt man es dann
ein ganzes Leben,
das Dir nun so
endlich kurz erscheint.
Nur weißt Du
leider
immer erst hinterher
die Bedeutung
des Momentes.

Störmthaler Wanderungen
-Wie alles begann-

Karbonwald im Tertiär
hatte es schon recht, recht schwer.
Versank wie' n Stück Würfelzucker
in der Kaffetasse.
Große Hitze, hoher Druck
nach 50 Millionen Jahren ruck-zuck
wurde wonach die Menschheit heutzutage giert
ansonsten an den Hintern friert.

Menschenleben- ein Mückenfurz
im Vergleich zu dieser Dimension
wohl mehr als kurz.
Und bereits in ein paar Jahren schon
wird alles ausgebeutet.
Die Lager sind nun leer,
hatte sich bereits angedeutet
so gibt es fast keine Kohle mehr.

Nicht umsonst auch schwarzes Gold genannt
eine ganze Wirtschaft schreit danach.
Deutscher Stahl für deutsche Panzer und Gewehre
und auch die Zuckerindustrie
Alles für das Feld der Ehre
Zwar verloren die zwei großen Schlachten
doch Deutschland und Profite so mächtig wie noch nie
Die Natur der Verlierer, die Gewinne ganz andere
machten...

Kleines Haus am Feld

Frei nach Herbert Roth

Kleines Haus am Feld
Ich wurde hierher bestellt.
Und die Glocken
erklangen im Dorf.

Kleines Haus am Feldesrand
Das Grundstück sogar mit Teich
Musste denken,- hier ist man reich,
Schulden waren nicht bekannt.

Glück und Sonnenschein
zogen mit mir ein.
Und das alles
zum wiederholtem Mal.

Kleines Haus am Feldesrand
Gaukelt vor ein Schloss zu sein
Bist jedoch nicht aus Kalk und Stein,
aus Holz ist eine jede Wand...

Und wenn ich schlafen geh
und meine leeren Konten seh`
ruf ich vergeblich
auf ein Echo wartend.

Denn drinnen wohnt mit sie,
dann singe ich immerzu
Kleines Haus, kleines Haus
am Feldesrand.

Heimatland, schönes Land,
weit der Wald, ringsum Feld.
Schön, wie der Pleitegeier
da am Himmel steht.

Herz und Sinn eilen hin
Möchte doch einmal
Hier bleiben können,
wenn es mal zu Ende geht.

Kleines Haus am Feldesrand
Die Wahrheit kam erst später raus
-hoch verschuldet war das Haus
hier im schönen Leipziger Land.

Angekommen?

Wohl mehr Flucht
als geplanter Neubeginn...
Fertig mit dem Leben,
dem Leben so ganz ohne Sinn
von den vielen Girls, die so willig
abendlich zu verwollustierten
und so billig
kein Stoff, der nicht probiert
und auch nicht zu Ende ging
und trotzdem
gefangen durch eigene Mauern,
die es zu durchbrechen gilt.

Nun dann
und auf
viel Arbeit gab es da zu tun
und andere
die gut verstehen
sich dabei
auszuruh´ n,
wohl auch daran zerbrochen
und wieder einmal
blenden lassen
doch nun für ein ganzes Leben
lang?

Fliederweg Part-I

Hey, hey, hey-
Wir fahr´n in die Polakei,
jedoch nicht ins Polenland,
denn Polenland ist längst
abgebrannt.
Hey, hey, hey,
Wir fahr´n in die Polakei.
Wir fahr´n in die Polakei.

Hey, hey, hey,
Wir fahr´n in die Polakei.
Hier nicht rechts ne' Pappel,
nicht links ne' Pappel
und in der Mitte ein
Pferdeappel.—

Hey, hey, hey,
Wir fahr´n in die Polakei.
Wir fahr´n in die Polakei.

Hey, hey, hey,
Wir fahr´n in die Polakei.
Zwar Polenland längst
abgebrannt,
hier auch Haufen an Haufen
errichtet-
von Schönheitssinn ganz
abgewandt.

Hey, hey, hey,
Wir fahr´n in die Polakei.
Wir fahr´n in die Polakei.

Hey, hey, hey,
Wir fahr´n in die Polakei
Idyllisch der Wald in der Nähe
gewöhnungsbedürftig der Anblick
von umliegenden Feldern
und man merkt auch bald
den Güllegeruch von Schwein und Kälbern.

Hey, hey, hey,
Wir fahr´n in die Polakei
Wir fahr´n in die Polakei

Hey, hey, hey,
Wir fahr´n in die Polakei,
in eine Straße,
wo sich die Leute nicht gerade
lieben,
wo Missgunst und Neid
ganz groß geschrieben.

Hey, hey, hey,
Wir fahr´n in die Polakei.
Wir fahr´n in die Polakei.

Hey, hey, hey,
Wir fahr´n nicht in die Polakei
-wir bleiben hier für immer,
denn in Polen ist's wohl nicht viel schlimmer!

Morgengruß

Herrlich geschlafen die vielleicht zu kurze Nacht,
mit vielen schönen Träumen-noch nicht mal richtig
aufgewacht...
...und von den Aborten
riecht es nach Importen,
die Buchenscheite krachen im Kamin
schlaftrunken stürze ich zum Zeitungskasten hin.

Von den Ästen schreien die Pieper ihre Melodei
obwohl die Morgensonne noch nicht erhellt.
-Doch urplötzlich Ruhe,- alles ist vorbei
wenn „Kriies Tich" von nebenan ergellt....
nun bin ich munter, da die Erde bebt---
...urew'ger Jammer, dass der Mensch mit Menschen
lebt...

Motten und Straßenlaternen

Licht ist schön, weil es die Straße helle macht,
 wohl auch dazugehört- zumindest so gedacht
und einverstanden mit dem Kauf
des Straßenlaternenlichterrausch.

Nur Licht blendet auch die Augen
-da sie nicht mehr zum Sehen taugen
Und durch Schein man sich mächtig irrt,
nicht erkennt, wie man beschissen wird.

Und Motten umschwärmen das helle Licht,
die tödliche Hitze der Lampe ahnen sie nicht,
fliegen hinein um zu verbrennen.
Aber auch Gierhälse getrieben nach Geld
Die mottengleich vom Trieb und Geiz bestellt,
gieren weiter, ohne zu ahnen in was sie rennen...

Die Hydra

Betrachtet sei nur des Fliederweges linke Seite
mit seinem Publikum,
denn der Kleingeist dieser Leute
reicht für ein ganzes Panoptikum.

Voller Missgunst ist die ganze Meute,
untereinander Spinnefeind,
nur wenn es gegen andere Leute
geht, ausnahmsweise einmal "Freund".

Und mitten drin die Hydra sitzt
ganz unauffällig, ganz bieder
und unerkannt, sie die Pfeile spitzt
gegen andere,- immer wieder.

Sie agiert nicht selbst, sie bleibt
immer in den Hintergrund.
-Nur einer hat erkannt, wie sie's treibt
und redet nicht nach ihrem Mund.

Deshalb wird es zwischen beiden
auch keinen Frieden geben
und nun für alle Zeiten
errichtet sind die Schützengräben.

Der Rasenmähermann

Ein eisiger Dezemberwind wehte
als er das Licht der Welt erspähte-.
Es folgten Höh'n und Tiefen im Leben
vieles lief glatt,- anderes daneben.
Nun hat es ihn nach Störmthal verschlagen...,
ein Fehler?- kann man so nicht sagen.

Wenn es knattert und es schreit,
ist der Rasenmähermann nicht weit,
auf das man es zum English-Rasen bringe,
die Grashalmhöhe ist für ihn das Maß aller Dinge.
Und ganz happy ist er dann,
wenn er auch beim Nachbarn Rasen mähen kann.

Jetzt stockt sein Bau und er tobt wie´n Schrat,
weil er Trouble mit schwulem Sohn und Chaos hat.
Nur manchmal ersäuft er seinen Kummer---
-erinnert sei an seine ‚Fahrradnummer'.
Nur Mensch, sei schlau
beende endlich Deinen Bau
und mach Frieden mit der Frau....

Der Pyromane

Und weiter in der illustren Runde
ist nun der Pyromane in aller Munde.
-Nur gut, er war vorher nicht bekannt,
niemand wusste, wie er in Leipzig benannt.

Ansonsten sich mit Händen und Füßen gewehrt,
dass Dynamit-Harry hier Wohnrecht begehrt.
Denn Dynamit –Harry jagt alles in die Luft
-und dies aus reinster Lust...

Bereits das Erste, was er vollbracht-
Zuckerhutfichten- des Hauses Zierde
die ersten Opfer seiner Begierde
beim Unkrautjäten schnell zu Asche gemacht.

Aber ob nun Winter oder Sommerzeit,
Harry ist Ständig zu `nem Späßchen bereit.
Im Herbst da wird das Laub verbrennt,
aber so, dass der Nachbar sein Haus nicht mehr
erkennt...

Es stöhnt die Esse, es dröhnt der Kamin
und wieder eine Fußmatte drin...
krematoriumsähnlich die Rauchschwaden zieh' n
und eigentlich fehlt lediglich nur noch Benzin...

Jedoch zu Silvester wird alles wettgemacht,
ob nun Benzin, TNT oder Nitroglyzerin
alles wird nun eingebracht
und dies wunderbar vollkommen,
so, dass man denkt, der III. Weltkrieg hat begonnen.

Ode an die (Unkraut)-Bäuerin

So der Volksmund spricht:
Für dumme Bauern sind dicke Kartoffeln Pflicht,
jedoch im Fliederweg dies auf den Kopf gestellt,
denn nur das Unkraut blüht- und nix auf dem Feld.

Egal ob Sonne lacht oder Regen rinnt,
tagtäglich sie mit ihrem Werk beginnt
-voller Inbrunst, voller Kraft
wird störendes Unkraut hinweggerafft.

Unbestritten, sie emsig ist, doch irgendwie
der falsche Plan- in den Garten kommt sie nie.
Kulturpflanzen kann man hier nicht entdecken,
weil sie sich hinter und Goldruten verstecken.

Verwahrlost die Meiler, wie nach der Polenschlacht.
Unverbaut die Fenster, nicht wie einst gedacht,
verrotten so liegend am halbverfaultem Zaun,---
sage nichts über den schön gekappten Birkenbaum.

---Falscher Plan- vielleicht nicht das richt'ge Wort,
denn beim Unkrauthacken wählt sie den Ort,
wo Sie alles überspäht,
wer und wann von welchem Nachbar geht...

Und da sie immer nur hackt und hackt,
jedoch nicht an die Wurzeln packt,
braucht man sich nicht zu wundern, wenn es sprießt
das Unkraut, das nun neue Kräfte genießt.

Zur Bäuerin gehört auch das ständige Rasenmähen,
-nur bei diesem Gelände nicht leicht das Geschehen.
Zwar die Maschine- ein Mercedes seiner Klasse,
doch erschreckend ist hier die Masse.

Das Mähen eigentlich Aufgabe für den Mann,
der stark und angeblich alles kann...
Wenn sie nach Stunden nicht mehr so munter,-
sitzt er pfeifend in der Scheune und holt sich einen
runter...

Fliederweger Hunde

Auch im Fliederweg ist es nun so,
erst ein Hund macht richtig froh.
Zuerst war man vorn auf den Hund gekommen,
später hat auch der von hinten einen genommen.

Es bellt der Hund an der Kette
und er bellt so ziemlich laut.
Er kläfft ,weil er gern Futter hätte,
dass einmal einer nach ihm schaut.

Eines Tages – der Straßenneubau bot den Grund
ganz heimlich erschlug man da den armen Hund
verscharrten ihn im tiefen Loch
-und die Nachbarn sahen' s doch.

Ob Keks oder Schokolade
ist vorn für' n Hundi nichts zu schade.
Immer fetter wird der Hund,
wie ein Schweinchen fast so rund.

Er schaut aus wie eine Rolle Drops
und kommt nicht mehr die Treppe rauf.
So ging er eines Tages hopps
-Herzverfettung war des Schicksals Lauf.

Gesprochen sei das letzte Wort
Nun gibt's zwei Hunde weniger hier im Ort.
Dies auch nicht sonderlich störte,
da niemand sich empörte...

Vogelfreund

Feldherrngleich stolziert er über seinen Acker
Und lässt die Blicke salbungsvoll schweifen
Über Unkrauthalden und der Alten ihr Gegacker
Über seinen, ach so schönen Grundstücksstreifen.

Geschützt die Augen mit vorgehalt' ner Hand,
stramm stehend, spähend auf sein Land...,
nur fehlt es an Herz und Verstand...,
wie damals als verfluchter Denunziant.

Mit dümmlichem Gesicht und verklärtem Blick
beobachtet er nun so manches Vöglein,
jeder Katze bricht er das Genick
(außer seiner), will ja Freund der Vögel sein.

Und wenn eine Möwe auf ihrer Reise
Mal was fallen lässt (sprich: Scheiße)
und trifft seinen Kopf, hört man ihn dann leise
und senil, „Ach, Du meine, kleine Meise!"....

Denn: „....Ich liebe Euch doch Alle..."
                                          (E.Mielke)

Der Pflaumendieb

Ich weiß noch, es war ein Jahr,
das reich an Pflaumen war.
Und inspiriert von den Leuten hier
baute ich auch ´nen Holzverschlag ins Revier.
Dies geschah im hinteren Gartenbereich,
dort wo es endet der Hydra's Reich
dem sich direkt anschlossen
Grundstücke von zwei Nachbarsgenossen,
nämlich das der Bäuerin
und ´nem andern mit viel Obstbäumen drin.

Und als so am Holzverschlag baute
ab und zu nach oben schaute,
ich viele Pflaumen an den Ästen erblickte
die der Baum in unseren Garten schickte.
Ich fing also dann
mit der Pflaumenernte an.
Um an die dicken Pflaumen zu kommen
hab ich ´ne Bockleiter erklommen
um auf den Verschlag der Bäuerin zu steh´ n
von hier aus schien die Ernte leicht zu geh´ n.

Schnell war ein zehn Liter Eimer gefüllt
gefüllt mit süßesten Pflaumen, da brüllt
die Bäuerin, die aus dem Fenster schaut,
-hier wird aber nicht geklaut!!

Da ich hier noch neu
und auch sonst recht scheu
ließ nun leicht verdattert Pflaume -Pflaume sein
und stellte meine Ernte ein.
Erst später hörte ich, dass der Baum ihr gar nicht geh
worüber sich die Bäuerin so empörte.

Fazit:
Die köstlichste Pflaume wird Dir nicht schmecken,
tut der Nachbar Dich entdecken.
Auch wenn´s nicht sein Eigentum ist,
Du in der Öffentlichkeit der Angeschiss´ ne bist.

Der Chaot

Es grünt so wunderschön der Rasen, Sträucher
schlagen aus
Alles schön,- es verfällt das Haus.
Zirkelgenau die Grashalme stehen
Und zollstockgenau beim Mähen.
So ist er, so steht er, der deutsche Rasen von Frank,
-ein Anblick, der berührt- Gott sei Dank,
-der Rasen—ohne auf das Haus zu schau' n.

Der Ober- Putz am Hause fehlt schon seit Zeiten
die Garage kann auch keine wahre Freude bereiten,
alles, alles ist pulmerant,
um nicht zu sagen, etwas süffiziant...
-großes Haus,-ein Bauwerk von Dauer-
da deutsche Wertarbeit,
doch es beginnt zu bröseln,
es nagt der Zahn der Zeit.

Anstatt sich auf den Ausbau zu konzentrieren,
tut er sich lieber auf Pflastersteine zu orientieren.
Nur lieber Freund, was haste da vollbracht?
Deutscher Garten,-schönster monolithischer
Einfahrtsverkehr,
-wenn hinterher der ganze Spaß zusammenkracht!?!
Nun gut, -Zufahrt für die Feuerwehr.

Der Nachbar der Hydra

Im ganzem Wolkser Land
ist er als der Hurenbock bekannt.
Magisch zieh'n ihn an die Weiber.
Trotz Alters ist er mit seiner kleinen Flöte
ein lust´ger Zeitvertreiber
und geht ab, wie ne Rakete.

Hier im Ort die Kirchenglocke klingt
-ein Balsam für die Seele.
Nur nicht wenn's Nebelhorn
Durch die Mittagsstunde dringt
aus Christas Kehle
der Ruf nach: „HEEEIINZ"

Der hat sich im Gebüsch versteckt,
nachahmend das Wachsen einer Möhre
„Schnürp, schnürp, rin, rin"
spannt er völlig unentdeckt
nach der Witwe,- seiner Nachbarin
und hofft, dass ihn niemand störe.

Wenn die Witwe ruft, dann ist er da,
selbst mitten in der Nacht…
Hilfsbereit- das muss man ihm schon lassen
und er einfach alles macht,
dafür lässt sie ihn dann anfassen
sie-die Hydra.

Sehr zum Zorn der Ehefrau,
so dass man nicht mehr
miteinander redet.

Die Scheunenbauer

Auferstanden aus einst' gen Ackerland
so der hiesigen Zukunft zugewandt,
-aber nicht- einig im Fliederwegland.

An Prunkbauten fehlt es hier,
wir nehmen Holzverschläge dafür.
Hier im nicht-einig Fliederwegland.

Dort wo andere architektonische Wunder errichten,
die Anwohner wohl Schönheit vernichten.
Hier im nicht-einig Fliederwegland

Dafür prangt ein Holzverschlag - eine weitere Scheune
Nur zweckmäßig - nicht sehr schöne.
Hier im nicht-einig Fliederwegland

Der eine baut 5mtr Stapel Holz,
der Nachbar ist erst mit dem doppelten stolz.
Hier im nicht-einig Fliederwegland.

Beleidigt wird das Auge, warum ist nicht die Frage,
-erinnernd an eine Industrieanlage.
Hier im nicht-einig Fliederwegland.

Sobald die eine gerade erst errichtet,
ist vom Nachbarn bereits die nächste erdichtet.
Hier im nicht- einig Fliederwegland.

Vorschlag:
Sollen sie doch den ganzen Fliederweg überdachen
und daraus ´ne große Scheune machen...
Hier im nicht-einig Fliederwegland.

Kampf um den Größten

Und alljährlich hier
tobt der Kampf, unerbittlich
-wer hat den Größten im Revier
-den größten Haufen Holz vor der Tür.
Da wird nicht gegeizt
mit Zeit und Geld
um es allen zu zeigen in dieser Welt,
wie viel Holz man so verheizt...
Der eine lässt sich mit den Jahren
ganze Wagenladungen Stämmen anfahren.
Der andere- um Geld zu sparen,
ist selber in den Wald gefahren.
Und nach dem Motto aus ein
mach fünf, -kauft einen Festmeter
holt aber fünf heraus, die sind dann sein.
Und es weiß ein jeder
das Holz, was dann zersägt und gehackt
wird zu einem Meiler gepackt
um dann im Ofen zu verheizen-
man gönnt sich ja sonst nichts...
Und warum geizen?

Und morgen gehen sie wieder Holz zersägen,
bis es dann keine Wälder mehr gibt---.

Lärm

Wochenende –und geruhsames Morgenglück,
doch nur Wunschtraum,-an Idylle fehlt ein Stück...
Wenn man ganz friedlich im Bettchen liegt,
Sonntags früh bald einen Kollaps kriegt.

Es quietscht ein Tor zum Herzerweichen...
und um alle Ohren vollends zu erreichen
bellt der dicke Köter
Ohne Unterlass- ein absoluter Nerventöter.

Die Töle bellt aus Lust- ohne Verstand,
wahrscheinlich, weil nicht anders bekannt
im bisherigen Hundeleben---und setzen von Zeichen
...den Zustand eines Rollmopses zu erreichen!

Jedoch das Tor, das quietscht schon immer,
-ein Elektromeister beherrscht es nimmer,
weil es hier keinen "Kurzen" gibt
und Fluchtgenauigkeit wohl übersieht...

Doch alles ist ein Labsal für die Ohren,
hat sie sich einmal ihren Alten zum Zielobjekt
erkoren
und am offenen Fenster hört man dann
eine Stimme,- vor der ein Nebelhorn erblassen kann.

Dass er ein dummes Schwein, wusste er schon selber,
Aber mit 70 und beide werden älter...
Unsinnig sich lauthals zu geben
Vokabularien aus dem Brehm' s Tierleben.
Dies ist wirklich nicht recht nett
und gehört nicht auf' s öffentliche Tablett.

Ode an die Königin des Fliederweges

Wir lieben Dich so sehr, wenn Du dampfwalzenmäßig
in Deinen halblangen
Segeltuchhosen über Deinen "Grund und Boden" hin
schwebst.-

Oh-, Du erhabene Königin unserer Straße
Obwohl noch nicht so lang her...
Wir neigen unser Haupt und werfen uns vor Dir in den
Sand,
und lieben Deinen so unendlich scharfen Verstand...

Erhaben sitzend auf wurmstichigem Throne.
Und in der Abendsonne blitzend die güldene Krone.
Gold, Geld, das maßlos zusammengegeizt
(und den Alten wahrscheinlich auch schon verheizt).

Oh-, Du unsere erhabene Königin, scheißfreundlich ist
Dein Blick,
-und schon hat man den Dolch im Genick...
Oh-, Du unsere erhabene Königin,
erst Du gibst unserem Leben einen richtigen Sinn!

Du unsere Königin -mit messerscharfem Verstand,
zwar nur Intellekt von einer Schaufel Sand...
-Doch bei Deinen Interessen-so unendlich gerissen
und hast schon so manchen schön beschissen.

Und es stimmt doch,-die alte Volksweisheit,
nicht nur für einst,-auch für die heut' ge Zeit:
Auf nichtssagendem Antlitz,
das ewig hinterhältig dümmliche Lächeln

die ach so glänzende güldene Krone,
fett fläzend auf dem gemachtem Throne
und alle wissen: großes Maul und wenig Hirn
wohnen zumeist unter einer Stirn.

Fliederweg Part-II

Fliederweg, oh Fliederweg
auf dem Leipziger Lande.
Könntest so herrlich sein,
wäre da nicht jene kleinbürgerliche Bande,
schlagen sich die Schädel ein,
vor lauter Missgunst und Neid zerfressen.

Fliederweg, oh Fliederweg
am Störmthaler Rande.
Auch als Oberdorf genannt,
wo Schulden keine Schande,
denn Bauen heißt Kredit und auch bekannt
bei den Einheimischen als Schuldnerdorf.

Fliederweg, oh Fliederweg
die Luft ist hier rein und klar.
Nur manchmal nicht,
wenn bei Parentin ´ne Verbrennung war
oder `s Stroh auf den Feldern drischt,
dann herrscht dicke Luft.

Fliederweg, oh Fliederweg
Ich sage Dir jetzt auf Wiedersehen,
werde Dich vielleicht sogar vermissen.
Doch muss nun leider gehen,
denn wurde zu sehr beschissen.
muss nun Vorwärtsschauen und Vergessen.

Numero Fünf im Haus der Hydra

Das Haus der Hydra,
wie ein kleines Hexenhäuschen stand
am Fliederwegesrand.
Die Einheimischen wollten da nicht hinein,
denn sie wussten, lässt gern tätig sein
um sich zu schonen
aber ohne ordentlich zu entlohnen...
Auf Männer ist sie besonders spitz,
die Witwe,- wie alle wissen-
wenigstens vier hat sie schon verschlissen---.
Nun kommt es so,
-das Haus nicht mehr so Weltniveau,
da niemand mehr was am Häuschen macht,
so dass der ganze Spaß zusammenkracht.
Und zu diesem Zwecke
wurde ich Numero Fünf. ---
Und es lugt schon um die Ecke
mein Nachfolger, die Nummer sechs.

Arbeit statt Gefühle

I.
Erste Begegnung
und ich war begeistert
als das Haus mit mir sprach
-da vom Fach-
Und ich wollte es haben,
das Haus,
das nach Sanierung schrie,
heruntergekommen und Tapete
hing grau und lose an den Wänden.
Von der Arbeit
-die meine Wollust –
verführt
und davon träumend
das Werk zu beginnen!
Gefühle zu Ihr,
nur untergeordnete Rolle.

II.
Wozu Gefühle,
wenn man über 50 ist?
Ausreichend das gemeinsame
wirtschaftliche Interesse
die Basis
und ein Zusammenleben
ist garantiert,
so dachte ich.

Wozu Liebe
nach den vielen Niederlagen?
Und mit über 50
spielt Liebe wohl nicht die Rolle mehr,
alles andere kommt
vielleicht dann später...
Besser jetzt die Taten
als nur leere Worte...

III.
Und noch ehe
man sich richtig
besonnen
und eingezogen war,
ward
mit dem Fassadenanstrich
begonnen.
Eingepinselt das Haus
mit teurer Farbe
-defakto der Einstand..
Es folgten
Malerarbeiten aller Zimmer.
Auch nicht ganz billig
die Verkleidung der Wände
mit Hobeldiele
wovon geträumt schon immer....

IV.

Nur ganz nebenbei
draußen
ein Holzschuppen errichtet
im hinteren Eck---
Und einen neuen Steg
mit Bank am Teich,
Platten gelegt,
´nen Hügel für eine Veranda
verdichtet
Überdachung im Durchgang gebaut,
da die alte zusammenbrach
und ebenso
die neue Treppe
im Eingang und Fliesen
viel Arbeit Tag für Tag.

V.

Und ein
Wintergarten und ne'
Eingangsveranda sollten folgen
bis mich dann
der Schicksalsschlag
ereilte und ich hörte,
was ich nicht
hören sollte---.
Und mit jenem Tag
ging's nicht mehr weiter
mit dem Bau
          und auch mit der Frau...

Das Haus in dem ich wohnte….

Das war es nun,
was ich wollte-
Arbeiten bis
zum Umfallen
von früh bis tief in die Nacht
Tag für Tag
auch Feiertags
im Haus in dem
ich wohnte..
Und immer allein
ohne helfende Hand
und ohne Geld
im Haus in dem
ich wohnte,
aber nicht einmal
mein Eigentum.
War es wirklich,
was ich wollte?

Was ich vorher nicht wusste-

Die Schlaueste war sie nimmer.
jedoch ihre Geisteskräfte
reichten gut für die täglichen Geschäfte
und gerissen war sie schon immer.

Nur `s Arbeiten fiel ihr mächtig schwer.
Mehr für' s Quatschen war sie da
und liebte abgöttisch Propaganda
so folgerichtig der Job als Parteisekretär.

Viel zu reden um nichts zu sagen,
tat sie da bei der Stadt
und oft Männer gefunden hat,
die ´ne Affäre mit ihr wagten.

Erfahrung gesammelt schon in jungen Jahren
-mit dem Großvater öfters spielte,
der auch gern nach anderen Sachen schielte
aber immer auf richtiger Seite waren---.

Auch mit fremden Eigentum
nahm sie`s nicht so genau.
Im neuen Job schaute sich die Frau
gern und oft in anderen Kassen um.

Daraus auch Gelder nahm,
sie sprach zwar von Leihen,
den Diebstahl wollte niemand verzeihen
und dann dafür die Kündigung bekam.

Natürlich hat sie mir
nie etwas davon erzählt,
den Weg der Lügen gewählt
von Anfang an kein wir.

Und hinterher nehme ich sogar an,
wollte sie mit Ihrem Schweigen
nur scheinbare Ehrlichkeit zeigen,-
uns auszunehmen- ihr Plan...

Wir

Denn mit uns meine ich
meine alte Mutter und mich.
Die Mutter, die ich als einziger Sohn
pflegte, seit mehreren Jahren schon.

Den Vater gab es seit
ein paar Jahren nicht mehr
und in dieser Zeit
fuhr ich nur hin und her.

Ich musste bei ihr übernachten,
aber auch auf meine Wohnung achten.
Habe mich um alles gekümmert,
weil sich ihre Gesundheit verschlimmert.

Und als sie vorschlug,
die Mutter nach Störmthal zu holen,
ahnte ich nicht den Betrug
durch die Hydra befohlen.

So hatte ich nun die Mutter hier,
war jetzt mit im Hydra´ s Revier
mit all ihren Sachen und Hausrat,
die sie dann für immer verloren hat.

Nicht Menschenfreundlichkeit war es,
die Mutter hier mit einzuquartieren.
Sondern plante man schon indes
die chronische Verschuldung zu kurieren?

Böses Erwachen

Mittlerweile erwacht
aus den Erwartungsräuschen
-ach hätt' ich's
vorher nur geahnt,
was sich hier in diesem Hause
für ein Unglück
für meine Mutter und mich
anbahnt---.

Hoch verschuldet wie ein Baron,
später als ich dann den Briefkasten
öffnen durfte,
Inkassoschreiben ohne Unterlass.
Selbst die Vollstreckung
war schon tätig
aber dumm und gnädig
zahlt' ich immer den ganzen Spaß.

Und es stellte sich heraus,
dass sie in Rückstand geraten
mit ihren Hypothekenraten
da fürs Haus.
-Zwangsvollstreckung drohte.
Konnte gar nicht so viel verdienen
was da an Schulden zu zahlen war
und sie fiel als Dazuverdiener aus

Dass ich mir selbst ein faules Ei gelegt,
bemerkte ich erst viel zu spät.

Zu feige

Ich, nichts ahnend
tappte in die Falle
der Köder war das Haus...
Nun war die Mutter
und alles aufgegeben
was ihr lieb und teuer.
Ich kam nicht mehr heraus
aus beschiss' ner Lage.-
Aber anstatt zu sagen,
Mutter, hier ist jetzt Schluss,
komm, wir gehen...
Dazu war ich zu feige
noch zu ohnmächtig
über die Schuld,
die meine
sie viel zu schnell
hierher gebracht
zu haben
und Brücken in die Heimat
abgebrochen,
machte weiter
um
mit vollen Segeln
in den Untergang
zu steuern.

Und

Und
von der blanken Angst getrieben
vom zukünftigen Verlust der Bleibe,
den ständigen Vorwürfen der Mutter,
das durch mich nichts mehr geblieben.

Und
die Suche nach einer Bank, die
bereit die notleidenden Immobilie
weiter zu finanzieren,
egal von wem und irgendwie.

Und
durch des Schicksals Fügung
eine Bank einst gute Geschäftsbeziehung
miteinander, stellte mir
´nen Kredit zur Verfügung.

Und
so konnte ich ein fremdes Haus,
das nie mein Eigentum auch war
durch einen Bankkredit erretten,
mit einem gedeckten Konto, war damit aus.

Und
    und
        und...

Finanzmodell zu ihren Gunsten

Alle Signale
sie standen mit dem Kredit
jetzt auf Grün.
Und mit voller Kraft
ging es weiter mit dem Häusel.
Zwar schon viel geschafft.
Doch Geld war nicht mehr
vorhanden, das zum Bauen
noch gebraucht
und mit meiner Firma
auch nicht verdiente.
-So ging es nun
an das Ersparte
der Mutter.

Und die Mutter,
von all dem
nichts mitbekommen,
glaubend,
das alles OK.
Und sie gab noch extra 200,-€
fürs Essen die Woche,
sie zahlte den Strom,
das Öl zum Heizen
und auch sonst fast alles.
Während ich
den weiteren Ausbau
besorgte.

Und die Hydra
War auch mit dabei..
Die an sie
ausgezahlte Rente
ging nun
Monat für Monat
zur Kredittilgung
für Eigentum, das
ihr dann später gehört,
während unsere Kassen
immer leerer wurden...
und in den letzten Jahren
bezog sie noch
Miete für mich
vom Amt.---

Der betrogene Trickser

I.

So schlau,
wie ich immer
sein wollte
und vorangegangene,
gescheiterte Ehe,
die auch sehr
verlustreich für mich wurde,
doch wohl clever
ward ich nimmer.
-Wieder einmal nichts dazu gelernt....

II.

Da selbstständig
zu groß die Gefahr
zu verlieren
bei Finanzamt
oder anderweitig
gnadenlos weggepfändet.
Die Entscheidung
um das Haus zu schützen,
gar nicht erst
im Grundbuch erschienen.

III.

Die Entscheidung
zwar gut und richtig
und auch sonst ganz ehrenwert,
doch nur immer
ohne Nachweis

wer der wirkliche Eigentümer
und das Sagen hat.
Nicht verwunderlich,
dass er später
aus dem Häuschen flog.—

IV.
Kein einziger Nachweis
kein unterschriebenes Dokument
von ihr
was er getan
und finanziert.-
Wie hatte er gepennt,
obwohl von so vielen gewarnt
sich trotz Wissen
nicht einmal bestätigen zu lassen,
wovon sie immer tönte
-das ewige Wohnrecht-.
Wohl längst vergessen habend:
Was man Schwarz auf Weiß besitzet,
kann man getrost nach Hause tragen.

Nicht die Hydra war´s

Sie presste uns aus,
sog alles Geld auf in vollen Zügen
das meiner Mutter und mir,
sie die nimmer satte Hydra.

Doch nicht die Hydra war´s,
die mich hypnotisierte,
mich willenlos machte und ich
nur tat, was in ihrem Interesse.

Und auch nicht die Hydra war´s
die sämtliche Verbindungen ,
die einst ich hatte,
geschäftlich oder Freunde –trennte.

Nicht die Hydra war´s,
sondern Medusa,
die beim Anblick mein Hirn
zu Stein werden ließ.

Belesen

Recht gern
hat Hydra gelesen,
nur ist's nie ein
Fachbuch gewesen.
Sie verschlang
die Schwarten,
die da strömten
vor Mord und Blut.
Hydra meinte,
das täte
ihrer Seele gut---.

Na ja,
eben nie belesen...

Als es nicht mehr weiter ging...

Ausbau und so
ganz nebenbei Geldverdienen
forderten ihren Tribut,
der über meine Kräfte ging.
Und die Strafe Gottes
für ungesundes Leben folgte.
Schicksalstag+++
Nie wieder sollt´
ich der sein,
der einst ich war
-ohne Geld und Kräfte.
Und ich konnt´ nicht mehr!

Dann die Tochter, die ihre,
von der ich hörte, heimlich, was ich
eigentlich nicht hören sollte
als sie sagte, wenn der Tag kommt
an dem sie das Haus erbe,
es das erste sei, es zu verkaufen...
Kein Wort nur
was mit mir
und meiner Mutter wird....
Von da an
die meine Feindin.
Und ich wollte nicht mehr

Die heilige Familie

I.

Geheiligt sei die meine Familie,
für die ich alles tue,
die mich berät,
wenn´s schlecht um meine Sache steht.
Mit vielen warmen Worten
und ich krieche zu Kreuze
nur um beachtet zu werden
von meiner Familie, dem Heiligtum auf Erden.

Bereits in frühen Kindertagen
musste ich die Verantwortung tragen
für andere, und vorgeschrieben bekommen,
all die guten Taten
Lob und Liebe erhielten andere
in meiner Heiligen Familie.

Und es ist auch heut´ noch so,
mein Einsatz stimmt die Familie froh.
Und wenn ich mal Hilfe brauch´,-
so bekomme ich die auch
sofort und auf der Stelle
 von meiner Heiligen Familie.

Mit Euronen können sie nicht behilflich sein,
dafür ist ihr Portemonnaie wohl zu klein,
reicht kaum für unter einander,
selbst wenn ich dringend ein neues Auto brauch´
-einen feuchten Händedruck
 von meiner Heiligen Familie.

Und wer sie mir kritisiert
dem werfe ich ganz ungeniert
sonst was an den Hals.
Denn so etwas ist zehnmal besser, als
so ganz ohne
 meine Heilige Familie.

II.
Komm ´se ran, komm´ se rein
hier läuft´s Panoptikum der Stadt
und ein jeder der nischt zu lachen hat,
wird sehr belustigt sein.
Der kleine Prinz, und er wusste wo er stand,
um den sich alles bewegte
bekam die Dresche, bereits damals schon.
für ihn---
und als allseits geliebter Sohn
studierte er sogar in der Sowjetunion-
auch heutzutage das absolute Sagen
Meinungsmacher der Familie.
Und Detlef und Dieter fein geleckt
immer mit dabei
aus dem Club
der ungedienten Säcke
und man könnt´ s wirklich meinen
dass sie´s lieben,
wie sie scheinen...

III.

Als Nesthäkchen konnt´ sie tun und lassen,
was sie wollte
und verziehen wurde ihr wohl jeder Scheiß-
und eines Tages sie so lauthals verkünden sollte,
dass sie jetzt Räuberjagd hier im Revier
-hüftleitender Privatdetektiv
nun ist sie Hausbesitzer auf Hartz 4.
Ob Weihnachten oder Geburtstagsfeier
Geschenke müssen groß und mächtig sein.
- sind schließlich ja auch die Besten,
und wissen wie, der Mann ist aus dem Westen.
Und als alles unter Wasser stand,
gab man Geld für neue Möbel
und dazu einen Rassehund mit Steuer,
dafür war der Heiligen Familie nichts zu teuer.

Nachtrag zur heiligen Familie

Und er braucht sie nicht,
diese lächerliche Verwandtschaft,
die ihn nun meiden.
Hilfe gab´s von denen nimmer
 selbst als er in der größten Scheiße lag,
- nur warme Worte immer,
was er so liebt und mag.
Nie wieder wird er setzen sich
gemeinsam mit ihnen an einen Tisch,
zerschnitten ist das Tuch,-
nichts hat er ihnen getan,
nicht das Schwarze unterm
Fingernagel.
Er braucht sie nicht
und wird nur lachen,
kommen sie erst wieder angekrochen.

Was man so braucht

Lockenwickler, Make up und günstiges Licht
verleihen selbst dem dümmsten Schafsgesicht
blutvolles, junges Leben.
Vor allem von hinten und aus der ferne
-sieht man sie doch recht gerne
und wird Verwunderung gegeben.
Nur direkt aus der Nähe ist man nicht mehr zu
täuschen,
nicht mehr entfernt von Entfernungsräuschen
und man sieht die...Schicht.
Im Geschäft, im Leben, beim Tanz.
Nähe ist grausam, barmherzig Distanz
oder Gegenlicht.

Der beinamputierte Fremdgänger

Nach Tagen und Nächten
der Finsternis und des Wahns
wieder genesend und aus der Gruft geflüchtet
hellauf zum Lichte empor.
Und
allmählich wieder der Wille
Schönheit, Göttinnen der Jugend zu betrachten,
begehrend die Information von der Welt da draußen
ohne die eigne, kleine Wohlbehütete je verlassen zu
wollen, zu können.

Doch sogleich wird Verrat gewittert,
schon mit der Betätigung der Tastatur
denn man hat ja Gedanken...
Frage: hat man die beim Lesen eines Buches eigentlich
nicht...?
und ich komm mir vor,
wie ein beinamputierter Radfahrer,
der auf der Autobahn von der Polizei
wegen Geschwindigkeitsüberschreitung abgestraft
werden soll.

Und doch!

Sie sagt, sie braucht ihn nicht,
und hat die Fäden gesponnen
im Stile ihrer roten Schule-
so werden Feinde liquidiert...
Nachbarn und die Bekannten
und selbstverständlich die Verwandten
aufgewiegelt, aufgehetzt und Stimmung gemacht
ganz nach alter Tradition
gegen ihn,
den ach so bösen Undankbaren
sich selbst zum Heiland erklärt
und dessen Stimme zählt.

Mittlerweile ist´s auch egal geworden
vorbei die täglich kleinen Schlachten
mit verbalen MG -Salven beschossen
nun aufgehört (?) der große Krieg.
Die Positionen sind bezogen
in einem Krieg um Nichts.
Zufrieden in Ruhe gelassen zu werden,
genießend die Waffenruhe,
doch hab acht, der Feind steht bereit!

Schnüffeltrieb

Und man sucht und sucht und kramt
und man kramt und kramt und sucht.
Ach so listig und geheim,
ach so listig und gemein!
Da man sucht und kramt und sucht,
den anderen nachzuweisen versucht,
wie schlecht man ist.
Doch weshalb, warum, wieso
-vieleicht aus Angst, da selbst kein Weltniveau
--oder etwas zu finden, das kompromittiert,
man hat ja das Leben schon lang genug studiert.
Und man sucht und kramt und möchte furchtbar
gerne wissen
-am Ende weiß man dann
und steht klein und hässlich da,
zwar vielleicht um eine Erkenntnis reicher,
-aber irgendwie zerrissen
und lächelt ein klägliches "Na, ja..."

Urteile, einst und heute

1552 tief im Sherwoodforest
da lebte einst der Horst.
Das war eine arme Sau
der hatte nicht einmal ne´ Frau.

Er war schon alt und konnte nicht mehr gehen
und viel konnte er auch nicht mehr sehen.
Er war einsam und lebte als Eremit
und hatte deshalb alle Tiere lieb.

Horst aß nur Wurzeln und verschiedene Beeren
als Vegetarier konnt´ er Fleisch entbehren.
Er ging auch nicht mehr zur Jagd,
zu schwach die Glieder, zu hochbetagt.

Die Waffen verstaubten in der Ecke
-auch der Jagdtrieb blieb auf der Strecke.
Die Sehne spröde der Bogen morsch und mörscher
stumpf die Pfeile hier im Köcher.

Doch dieses friedliche Spiel
nicht allen Leuten im Lande gefiel.
Horst ist arm und lebt im Wald
und so keine Abgaben mehr bezahlt.

Dem Mylord dies zu Ohren gekommen
und den Horst sogleich vernommen.
-Er mocht´ es nämlich gar nicht leiden,
dass seine Tiere Untertanen Freude bereiten.

Kurzerhand wird Horst vom hohen Tribunal verklagt:
"Hätte Mylord betrogen, dessen Tiere gejagt"
Nicht anerkannt seine Argumentation
-er habe nur gefüttert,...-das reiche schon....

So wurde Horst 1552 auf gehangen
für Taten, die er gar nicht begangen,
 gar nicht konnte - selbst wenn er auch dazu bereit,
war er von den Fähigkeiten doch befreit.

Und die Moral von der Geschicht´:
-ob Du s tust oder nicht,
sind auch gar keine Voraussetzungen da,
aber Du könntest ja..........

Lieber sich beizeiten unnützen Ballast entsorgen
als sich lange mit ihm herumzuplagen

Und das Ganze übertragen
hieße in unseren Tagen:
Mit dem Fahrrad auf der Autobahn
- angehalten von der Polizei.
Vorwurf: Viel zu schnelles Fahren-Raserei!
Widerspruch wird nicht toleriert
man hat Beweise-alles ist dokumentiert.
Dies ist der Weisheit letzte Schluss
Nicht: Nicht was sein kann, dass sein darf
vielmehr was nicht sein kann, dass sein muss...

Olfactare ob Fama

Es lugt ganz heimlich um die Ecke
Xanthi aus ihrem Verstecke.
Mucksmäuschenstill kommt sie also dann
angeschlichen, dass man sie nicht hören kann,
versucht, versucht etwas zu erspähen,
um etwas auf dem Monitor zu sehen...
Auch schnüffelt sie in alten Akten,
denn Schriftverkehr -das sind Fakten.
Und einmal bei der Stasi so gelernt,
noch nicht vergessen, nicht so weit entfernt...
Man sucht und kramt, weil man etwas finden will,
---offensichtlich das höchste Glücksgefühl.
Auf dass man so dann
wieder den andern madig machen kann.

Sie kramet am Tage , sie kramt in der Nacht,
weil`s ihr offensichtlich Freude macht
irgendetwas nachzuweisen,
Dinge , die nicht zu beweisen.
So wird alles noch schön kopiert
und nach Parteimanier dokumentiert.
" Denn unsere Sache ist gerecht-
-und außerdem-wir haben immer recht!"

Single-Rätsel

Der Lack ist ab, der Lack ist ab
ihren Zenit schon überschritten hat
wohl sie meint, dass sie die Schönste sei
doch ihr Frühling ist vorbei....

Doch sie hat die Haare schön, täglich so schön,
das Muss –der Griff zu Lockenwickler und zu Fön
-wohl behütet der Heiligenschein, voller Glanz
wiegt sie sich in eitler Arroganz.

Hält sich selbst als Maß der Welt
nur richtig und gut, das was ihr gefällt.
Mutti-kind war sie wohl schon immer,
nur allein in der Fremde ist es schlimmer.

Jede Woche kommt´s so dann
sie ruft Mutti immer Sonntags an
und ist ganz empört
wenn nur irgendeiner stört.

Ganz, ganz wichtig zu wissen,
dass bei Frau Müller das Laken zu sehr verschlissen
und das in China irgendwo
ein Sack Reis umgefallen und sowieso
man schwätzt und schwätzt stundenlang,
auch wenn´s nichts mehr zu sagen gibt,
denn wichtig ist auch ohne Belang.

Man Kauft so gerne "Teilchen"-
die wohl ihre Lieblingsbeschäftigung
und geilste Befriedigung.
Zwar etwas leicht verschuldet,
dass kein Versandhaus mehr ´nen Kredit duldet,
Mutti wird´s schon richten und immer hingekriegt,
dass der Strom von Teilchen nicht versiegt.

Und sie dümpelt noch mit über 40 Jahren
alleine rum und nicht bereit sich zu paaren,
weiß der Geier, Gott warum.
Macht in Swingerclubs zwar die Beine breit,
doch keiner hatte je Lust und Zeit
länger mit ihr zu verbringen
und so lieber ihre eignen Wege gingen.

Heute stolziert sie noch auf und ab,
morgen scheißt die Katze ihr auf´s Grab.
Dies ist dann wohl ihr Leichenstein...
na, wer mag das wohl sein?

Das Grab des Verstorbenen

Als er starb,
ihr geliebter Mann
heuerte sie
eine Grabpflege an,
so dass sie nie
sich ums Grab
zu kümmern braucht,-
weil es eben einfach
zu sehr schlaucht...
Zu sehr beschäftigt
-nun die lustige Witwe.
Nur als das Geld knapp
und knapper wurde,
bestellte sie
den Gärtner einfach ab.
Doch ihre Pflicht
das Grab nun selbst zu pflegen
machte sie einfach nicht.
Keine Lust dazu
den Rücken
krumm zu machen
-eine Unkrautwüste
schmückte nun
seine letzte Ruh...
Und nach knapp
zehn Jahren dann
kam man

auf die geniale Idee,
einzuebnen doch das Grab
So keinen Grund
für das Gerede
der Leute nun gab.
Gesagt, getan,
Nichts gab es mehr
von ihrem geliebten,
verstorbenen Mann...
Nur den Grabstein,
den sie mit genommen hat,
der liegt jetzt irgendwo
daheim
im Gerümpel
oder schon verhökert...

Der Chat im Net

Auf die Dauer hat'
ich´s
so satt,
das dumme Gequakte
dieser Alten
konnt´s kaum noch ertragen
die ewigen
Szenen am Essenstisch.
Nur kommunizieren
wollte ich,
kommunizieren mit
der ganzen Welt,
mit wem und wo es
mir gefällt-
ohne Vorschriften
und ohne eine Art
fremden Beischlafs
auch wenn vielleicht
nicht ganz abgeneigt
es zugelassen hätte,
dies zu begeh´ n.
Nur sie fand' s nicht
allzu schön
hier in der heiligen Stätte.

Umgangsformen

Und als das Geld
immer knapper wurde
der Spargroschen
der Mutter
aufgebraucht,
nichts tat sich
am Häusel mehr-
endlose Tiraden.
Die Lieblingsworte
für die Mutter nun:
Du Krepel...und
undankbare Hexe,...
du gehörst ins Heim...
Das war der Dank
für das was meine Mutter gab,
und an manchen Tagen
hat sie uns sogar geschlagen---,
die Hydra.

Von Anfang an,
war´s Speiseserice
von der Firma Rosenthal, sollte
das Zielobjekt der Begierde sein
und auch nicht wieder
hergeben wollte.
Als meine Mutter
das Service ihrem Enkelkind

also meiner Tochter
zu schenken wähnte,
sagte Hydra natürlich: Nein
Und schloss es in einem
Schränkchen ein.
Die ihre Begierden: schöne
und teure Sachen, egal von wem.

Auch
sehr absonderlich
das Gebaren
der Hydra da beim
Lachen und beim Husten
Anwesende immer in
Deckung gehen mussten,
wenn Ihre Zähne herausflogen....
-ihre vorderen Schneidezähne...
(wohl in einstigen Tagen
ein paar auf die Fresse
bekommen...?)
oder auch
wenn sie mal
wieder besoffen
im Bett
darauf schlief.....

Ordnung und Hydra

I.

Ordnung ist das halbe Leben,
Unordnung die andere Hälfte...
so ihre Devise.
Ordnung und Hydra
wohl zwei konträre
Begriffe waren.
Mit Ordnung wohl Hydra
auf Kriegsfuß stand
und nichts konnte sie dazu bewegen.
Wochenlang
wurde da nichts gemacht
im Hause schon
doch wenn Besuch angesagt,
wie ein Wirbelwind
in allen Räumen kreuz und quere
ganz geschwind
die oberflächliche Aktion....
Das Schöne zwar liebend
-in jeden Schrank ein Chaos
Beim Öffnen der Türen
´s Zeug entgegen kam,
sah aus wie rein geschippt
mit der Schaufel bloß.

II.

Wollte man die
Kühlschranktür bewegen,

sollte man es nur
mit Gasmaske tun.
Auch hier
von Ordnung nicht die Spur.
Gestank schlug einem entgegen
von vergammelten Sachen
-hinten hinein gestapelt,
weil vorn die frischen
mehr Freude machen
und den Überblick verloren....

III.
Ja ,Überblick
ob auf den Boden oder im
Dielenzimmer
gibt´ s wohl nimmer.
Ebenso Garage oder Sauna
überall da reingestellt,
wie es aus den Händen fiel,
bis dann man
nicht mehr laufen konnte.
Und überall die
geleerten Flaschen---.
Ganz besonders schlimm
der Boden über der Garage,
Aufbewahrungsort von Sachen
unberührt seit
über zwanzig Jahren schon.

Weihnachtsgruß 2014/15

(letztes Weihnachten in Störmthal)

Überall ist nun endlich Ruh´
Und ich gieß mir die Lampe zu.
Christkind hat untern Weihnachtsbaum geschissen
Und ist ganz schnell ausgerissen.
Das war es dann mit den Gaben,
die andere für mich übrig haben.
Kein liebes Wort oder einen Gruß
Nicht nötig für ´nen Arsch,- kein Muss.
Trotzdem ein frohes Fest sei Dir beschieden
Nur in Zukunft, lass mich in Frieden!

Danksagung

Wir durften gehen,
da kein Geld mehr vorhanden
und nicht mehr
in der Lage
Grundstück und Haus
zu bewirtschaften..
Zuerst die Mutter
im Februar ins Heim.
Ich dann im April
mit Nichts---.
Zurückgelassen
all die Sachen,
die für uns von wert
bei der Hydra.
Viel Glück mit dem Häusel,
das ja dann dem
Töchterlein gehört...
und nichts dafür getan.
Der nächste Dumme
Numero Sechs
für den weiteren
Unterhalt
ist
ja bereits
mittlerweile da...

Hab Dank für Nichts,
dass wir dir helfen
konnten,
Dein Eigentum zu erhalten
und zu mehren.
Dank auch
für die nachgereichte
Strafanzeige
für das Austrinken
deines Whiskys...
aus Deinem Stubenschrank.

Von ganzen Herzen Dank...!

Resümee

Als ich im April 2015
den Ort des Leidens verließ,
gab es kein Rückwärtsschauen,
keine Trauer nicht
über vergangene Tage.
Kein Bereuen
wieder einmal etwas falsch
gemacht zu haben.
Verbitterung nur,
meine Mutter
mit hineingezogen
und um ihren
Sparpfennig
gebracht zu haben.
Das Schlimmste aber
die Tochter
an die Hydra
verloren
und den Glaube
an das Gute
im Menschen
verloren zu haben...

BUCH II

DAS MÄDCHEN MIT DEM KUHFUSS

DIE HEXE AUS STOCKSTADT

UND ANDERE GESCHICHTEN

Das Mädchen mit dem Kuhfuß

Sie hieße Resi,
wie sie sagte, und käme
aus dem schönen Bayernland
im lupenreinen Dresdner Dialekt
und auch im Knast nicht ganz unbekannt.

Zuckersüß ihr rosaroter Mund
und ein Lächeln ziert ihr Gesicht,
nur den Kuhfuß,
der immer mit dabei,
den sieht man nicht.

Der ist ihr von Arbeit
ganz gut vertraut
in ihrer Tischlerlehre.
Doch auch in Kiosken,
wo sie öfters klaut.

Nur eines Tages
da war es aus,-
erwischt beim großen Bruch
fuhr sie ein in den Kahn
mit fünfzehn Jahren.
Jetzt kam sie geläutert wieder raus...

Egal

Sie war gerade mal sechzehn Jahre
und noch so jung,
fast ein Kind noch
doch es war mir egal.
Sie erzählte mir
- haute mir die Taschen voll,
dass sich die Balken bogen.
Und es war mir egal.

Sie lebte zusammen
mit einem Freund,
den sie Bruder nannte
doch es war mir egal.
Und alle, alle rieten mir
doch die Finger
von ihr zu lassen
und es war mir egal.

Jedoch zu unterschiedlich
ihre Welten und Ansichten,
und wohl folgerichtig
trennten sich uns´re
Wege.

Wunschtraum und Realität

Und es glaubte der naive Narr,
beide wären sie ein Paar,
oder würde daraus was werden,
war ernsthaft bereit für Sie zu Sterben.

-Nur, weil sie ein bisschen schrieben,
 glaubte er, sie würde ihn lieben.
Voll jauchzend und holdes Glück,
dachte er an vergangene Zeiten zurück.

Beide -ein recht wundersames Paar
schon eigenartig, etwas sonderbar.
Sie- ansonsten ganz nett anzuschauen.
Er-der nicht so gefragte Typ bei Frauen..

Viel zu groß der Altersunterschied,
dennoch stimmte er sein Liebeslied,
ihr tat´ s offensichtlich wohl gefallen
und sie ließ den Alten weiter lallen.

Über´ s Vögeln will sie gar nicht sprechen,
lässt sich derweil lieber von anderen stechen.
Auch wenn er 20 Jahre jünger wär...
auf andere steht sie eben mehr!

Wie Kinder halt eben sind

Auf der Suche nach der Frau
der Frau für´n Rest meines
beschiss´nen kurzen Lebens,
ne´ Frau für´s Herz
und nicht fürs Bett allein,
fand er einen Engel,
sehr hübsch anzuschauen,
aber halt fast noch ein Kind
und wie Kinder eben sind,
erhaben über alles,
glaubend das Maß aller Dinge
selbst zu sein.

Bestimmt von Äußerlichkeiten,
unbeachtet all die Werte,
die da von innen,
denn es bestimmt der Schein das Sein,
wie halt eben Kinder sind;
nicht schätzend den Partner,
denn der ist ja nur 'n alter Mann
und andere sind geiler...
Daher hat sie auch nie etwas von ihm gewollt,
kurzweilige Belustigung,
doch das ging nicht gut!
Und war er auch noch so sehr verliebt,-
Nur leider meistens betrübt!!
Immer chancenlos,

von Anfang an schon so gewesen,
aber ehrlich, gnadenlos ehrlich,
wie Kinder halt so sind.
Doch auch Kinder können verletzen....
Ach, soll sie doch auf der Wellenlänge
Ihresgleichen weiterschwimmen.....

Resi

Ich gebe es zu
war Ihr zu sehr zugetan
dem Mädchen, das
von der Gesellschaft verurteilt
so oft auch mich belogen.
Aber das alles
konnte ich verzeihen,
die ihre Scharaden
und das sie mich
vergeblich
warten ließ.
Und 100Rosen
blieben wirkungslos.
Doch Sie hat mich nie
niemals nicht betrogen,
denn im Herzen
war sie gut.

Icke mache keen Sex mit Dir
sonst wirste noch süchtig ☺

Isabell

Ach Isabell, ich hätt' es wissen müssen,
als ich zum ersten Mal ein Bild von Dir sah,
so falsch, wie Deine Augen, so kalt, Dein Blick
bist Du in Persona -so unendlich bösartig.
Und ich dämlicher Hund,
wohlwissen, dass es der böse Wolf ist,
lasse ihn in den Hühnerstall hinein-
und wundere mich, dass es dann
kein Huhn mehr gibt...

Ach Isabell, ich hätt es wissen müssen,
dass Du mich verarschst.
Getrieben von der Gier der Begierde
des nächtlichen Beischlafs
und überheblich glaubend
über den Dingen zu steh 'n....
es kann nichts passieren,
-Eisleben ist nicht weit
und man weiß ja, wo sie wohnt....

Ach Isabell, ich hätt es wissen müssen.
Dass Du jahrelang als Bordsteinschwalbe
in Berlin Deine Brötchen verdientest,
und einmal Nutte-immer Nutte!
Denn die Katze lässt das Mausen nicht...
Keine Dankbarkeit als ich Dir gab,
wonach Du batest---
Nicht einmal die Polizei konnte helfen,
trotz bekannter Kontonummer und Adresse.

Wahrscheinliche Scheisse

Wahrscheinlich war ich bisher
am falschen Ort
und zur falschen Zeit, vielleicht.
War - bin zu allem bereit,
mal hier und mal da...
Oft habe ich nicht durchgeblickt.

- - -, _ _ _, - - -

wieder und wieder
wahrscheinlich die falschesten-
falschesten Frauen gefickt.

Doch was soll´s Scheisse passiert,
man gewinnt und verliert.
Scheisse passiert, man fr5isst oder stirbt,
Scheisse passiert, friss oder stirb...

Wahrscheinlich war auch mein Maul zu groß
und mein Hirn zu klein, nicht zu erkennen,
dass ich am falschen Ort, in der falschen Hütte...
-Ein falsches Wort, die falsche Tat,
dann war es soweit----.
Doch wer nicht hören will,
der muss bezahlen...
also ging auch ich, wie Du
durch das Haus der Qualen.

Doch was soll´s-Scheisse passiert,
man gewinnt und verliert.
Scheisse passiert, man frisst oder stirbt.
Scheisse passiert,- bei mir wohl immer?!

Grenzen der Neuerkundung

Offen für alles,
zugebend unumwunden,
legt gerne flach
um Neues zu erkunden
Sie- die Frau vom Fach,
dafür auch gesprächsbereit
und einig über'n
Fick in nächster Zeit.
Ob nun NS oder anal,
französisch oder Kaviar,
ficken mit und ohne Qual
alles schon praktiziert worden war.
Nur an eines wollte ich nicht ran
mit´ m Trafo und Elektroden
angeschlossen an die Hoden
und voll Spannung dann...

Jammer nicht, Bei Autos funktioniert das so auch !

Dummes Herz

So bekloppt, wie ich
ist wohl keiner und verdiene
ein paar in die Fresse.
Gebe Kohle an fremde "Damen",
die vorher ich noch nie gesehen,
wenn sie lallen.
Anschließend dann mich beklagend,
dass diese samt der Kohle
für immer verschwunden.
Denn kein Adonis,
nicht hübsch und begehrenswert,
so wie ich ausschaue.
nix mit schönen geilen Stunden...
dafür Blödmann !
-Scheiß Sexualtrieb
und dummes Herz,
das allzeit gibt.-

Die englische Eva

Sie hieß Eva
und war Friseuse,
machte in London
bei anderen die Haare
schön.
Wir schrieben uns
nur paar Wochen
und schon
waren wir ein Paar.-
Auch
recht lange
ging unser Mail-Verkehr.
Leider kam es
nie zu einem Treffen,
nie kam sie einmal her.
Obwohl so heiß die
Schwüre,
dass ich doch
ihre einzige große Liebe bin.,
nach London zu fliegen
kam mir auch nicht
in den Sinn...
So kam es,-
dass ich
dann
`ne andere bestiegen...

Die keusche Eva

Sie lebte gerade
im 34.Jahr
und Britin,
so dass sie
da katholisch
recht keusch
und sittsam war.
Zwar keine Jungfrau mehr
wär nur bereit
mehr von sich zu zeigen,
gab sie mir zu verstehen.
Erst wenn sie
meine Frau...
Und als ich
dazu bereit,
wurde aus ihr
eine kleine Sau
und durfte alles sehen!
In der Realität wurden
wir leider nie ein Paar,-nie ist's
dazu gekommen...
Mittlerweile
hat die Zeit
das Bild von ihr
mit sich
genommen...

Sissi aus Köln

Sehr hübsch war sie schon
anzuschau'n,
so betörend auch der Ton
ihrer Stimme.
Bereits nach ein paar Nachrichten
ausgetauscht im Chat
und `nem langemTelefonat
tat sie mir berichten,
dass sie nun vor hat
der Liebe mit mir zu frönen,
´s Wochenende wollte sie schon
kommen.,
wär seit 2 Jahren geschieden
und so einsam--
Ja, ja so schnell kann man Liebe
finden---
--- und Kohle verlier'n.
Denn noch mehr sprachlos
-fast schon benommen,
als ich dann vernahm,
sie bräuchte bloß
so um die 500 Euronen .
für Zugfahrt und Frisör
und noch
ein paar andre Kleinigkeiten..
Da wollt ich lieber
meinem Bankguthaben

´ne Freude bereiten
und die Brieftasche schonen...
Unwiederbringlich wär´s Geld
weg gewesen
und höchstwahrscheinlich
auch die Frau...
Und......
„....so schnell schießt kein Preusse...!"
Und keine noch so
geile Sau...

-108-

Agnes-die afrikanische Braut

Über zwei Jahre lang
waren wir ein Paar.-
Bereits nach einer Woche
sprach sie davon
meine Braut zu sein
und ich war glücklich.
Sie wollte gern,
dass ich sie besuche,
sie befreie aus ihrer Welt,
doch für solch einen Flug
hatte ich kein Geld
und verspürte nicht die Lust
ein Stammeshäuptling
im ghanaischen Busch zu werden.

Wir telefonierten und
schrieben uns täglich
und waren im Geiste vereint.
Als ihr Mann -verpflichtet nun
mich um sie
zu sorgen -und schickte
150,-€ im Monat zum Leben.
Als Zeichen ihrer Treue
hat sie mir ein Gewand
angefertigt durch
eigene Hand und
eine Kette

gegeben.
Eine Hochzeitskette aus Holz,
die ich nun trug voller Stolz
und die Meinen
konnten´s nicht verstehen...

Um Gottes willen,
keine schwarze Negerin,
wie meine Mutter sprach,
-wir haben absolut keine
Vorurteile gegen andre Rassen,---
bitte aber nicht in der eigenen Familie
Und auch sonst kein Verständnis
im Bekanntenkreis,
so viel zur Völkerverständigung
von heute.
Wohl vergessen habend,
zwar ist die Farbe ihrer Haut so dunkel,
wie die einer Kaffebohne
nur die ihrer Muschi ist international,
nämlich rosarot.

-111-

Zweifel

Sie erzählte mir,
dass sie ohne Mann
und Kinder sei,
wäre allein und frei.

Nun, wie gesagt wir
telefonierten immer,
das sehr oft und lang
dabei Zweifel mich bedrang.

Ist das wirklich die Schöne
da auf jenem Bild?
Und beim telefonieren war immer mit dabei
zu hören Hühnergegacker und Babygeschrei.

Trotz aller Zweifel
sagte ich mir mit der Zeit
selbst wenn es nicht das Bild von ihr,
-sie ist real und kommuniziert mit dir.

So unbeschreiblich groß das Elend dort,
so groß die Hungersnot
und mit dem Geld, das ich gesendet,
habe eben was für Afrika gespendet...

Sicher tut's den Gefühlen weh,
wär's Geld für eine Verbrecherorganisation.
Aber wer weiß das heutzutage schon
welche Verbrecher uns hier abkassieren...

-Mentalitäten

Nun eines Tages
trennten sich die unsrigen Wege
doch nicht im Bösen.
Denn keiner hatte den
anderen übervorteilt
und gern denk ich zurück
an die Zeit mit Agnes..
Zu groß die Unterschiede
unserer Mentalitäten
die Meinige-geprägt von
der westlichen Geld-Wertvorstellung.
Die Ihrige -der afrikanischen...
jeder gibt, der irgendwie Geld erhält
an andere Clanmitglieder ab
um am Überleben der Familie
beizutragen.
Eine Philosophie
für die ich
in der Ferne
zu arm
bin.-

Antirassisstische Bekehrung

Ein Buschmann schwang seine Keule
und drang mit schrecklichem Geheule
auf seinen Stammesbruder ein.
Dies sah von der UNESCO ein Missionar
der gerade in der Nähe war
und fand es niedrig und gemein.
Er nahm sich den Buschmann vor,
der lieh ihm wirklich sein schwarzes Ohr
und sah sein Unrecht wirklich ein.-

Zufrieden über die Bekehrung
und die völkerverständigende Belehrung
ging unser UNESCO Experte dann heim,
entfaltete dort seine Zeitung
und las, dass seines Volkes Leitung
den lange schon gehegten Keim
eines Krieges jetzt zum Ausbruch brachte.
Der Experte las dies und dachte
bei sich, dass afrikanische Buschwesen
zum Glück ja nicht uns're Zeitung lesen...

Zigeunerschnitzel

Vorwärts im antirassistischem Kampf
und Völkerverständigung!
Festgestellt, dass unsere Muttersprache
vom Rassismus durchdrungen
und geprägt.
- Wir schämen uns dafür!
- So ist eben ein Neger kein Neger
- und der ist auch nicht schwarz.
Ausdruck schlimmsten
rassistischen Chauvinismus,
denn es handelt sich hier
um einen farbigen Afrikaner!
Ebenso chauvinistisch
und menschenverachtend
sind Bezeichnungen wie:
Mohrenkopf oder Negerkuss.
Zukünftiges liquidieren
aus unserem
neudeutschem Wortschatz
in dem eh
Anglizismen dominieren,
um nicht als der ewig Gestrige
da zustehen.
Vorwärts,
im Namen der Menschlichkeit....
Genauso wenig wie es
Zigeunerschnitzel gibt...

Die Bardame Vivien

Vivien- einst Ruhrpottmädel
nun in ein Nest
im schönen Westerwald verschlagen
und es pfeift der Wind so kalt
Eukalyptusbonbon
-nicht nur der Wind
auch Einsamkeit ist schlecht
zu ertragen.
Als Barfrau tätig hier
in einer Schänke
im schönen Westerwald
schon so manchen Kerl gesehen
und gevögelt,
doch mit keinem
wollt' sie gehen...
Ihr Aussehen
einst
Engelsgleich von einem Teufel
absolut und wunderschön
Garant für Umsatz und Verdienst...
Die Bar,- der Job,- Ihr Leben
und dafür braucht sie keinen Mann,
weil störend nur empfunden,
so wie auch ich.
Viel zu oft und
wegen Nichts
lagen wir im Streit

und musste wieder gehen
ehe es eigentlich begann.
Weil sie offensichtlich nur
einen Mann
zum Bewundern braucht...

Bin ich denn nur glücklich, wenn es schmerzt?

Ich kann Dir zeigen, was es heißt
-allein zu sein.
Ich trinke Tränen - schwarzer Wein.
Ich würde Dir folgen - tief in die Nacht
bis in den Abgrund Deiner Seele
würde ich steigen...
Ich suche nach Liebe,
Liebe macht süchtig, betrunken und blind-.
Ich suche nach dem Weg
aus der Leere,
die mein Leben bestimmt
und ich lass´ es Tränen regnen.

Ich verwirre mich immer mehr,
nichts ist mehr klar.
Ich bin da wo- vor mir
keiner war.
Nicht mehr fähig zu lieben-
oder liebe ich die Qual?
Liebe ich den Schmerz,
bin ich nicht normal?
Ich suche nach der-
die meinen Geist nach Hause bringt,
ich suche nach der-
für die ich dieses Lied sing´.
Nur eine Nacht in meinem Zimmer-
wir wachen auf und leben für immer.

Und ich lass´ es Tränen regnen.

Bin ich nur glücklich, wenn es schmerzt,
kann ich wirklich nur glücklich sein, wenn es richtig
schmerzt?

Ich schenk´ Dir mein gefror' nes Herz,
möchte, dass vielleicht Du es für mich
erwärmst,
warum nicht...

Suche

Immer auf der Suche
und ständig bereit
zu nehmen
um nichts zu geben.
Inkarnation
des Narzissmus.
Und kein Mann
wird diesem
Folge leisten
im Dunstkreis
ihrer
Schänke.

Die Hexe aus Stockstadt

Als er sie zum ersten Mal gesehen
war er schon verzaubert
von Miroslava aus dem Tschechenland.
Wohl dass sie ihn so sehr erinnert
an Prinzessin Lada mit dem goldenen Stern
aus seinen frühen Jugendjahren.

Und wollte ein neues Leben
mit ihr beginnen,
sie anscheinend dazu auch bereit.
So die letzte große
Fahrt in seinem Leben
Stockstadt am Rhein.

Er- der bisher so wenig
Glück mit der Liebe
und den Frauen.
Bereit noch einmal neu
anzufangen und Vergangenes
hinter sich zu lassen im fremden Land

Er glaubte Sie mit Geschenken
zu gewinnen und bombardierte
sie mit Schokolade, die sie so gern mochte.
Trotzdem ihr Herz ließ sich nicht
für ihn erwärmen,

blieb
für ihn verschlossen,
doch
da war es schon zu spät.

Und sie sprach zu ihm
pass auf, ich bin eine Hexe
und er lächelte noch dazu.
Doch das ward bald vergangen.
Als dann der Alltag angefangen
und er sah, sie war keine Hexe
-es war der Teufel!---

Die Dame mit dem Hündchen

Hübsche Lady-schau, schau, schau
Kleines Hundchen -wau, wau, wau.
Beide ganz reizend anzusehen,
möchte so gern mit ihnen gehen.

Nur die Frage, wer gefällt mehr?
Sie oder Er?
Tatsache,-sie möchte ich immer küssen,
er liegt anschmiegsam zu meinen Füssen

Trotz das Hündchen sehr an mich gewöhnt,
war unsre Liebe nicht von Erfolg gekrönt,
denn sie wollte nichts von mir
sondern lieber mit ihrem Tier.

Und so kann man sie noch heute seh'n
Allein mit Hündchen durch die Straßen geh'n,
wohl vergeblich wartend auf
den Märchenprinzen aus einer Straßen Lauf.

Aber vielleicht auch wieder zurück
im Heimatland, das große Glück
inzwischen gefunden
und vielleicht schon wieder gebunden.

Ansichten

Gewiss, ich bin kein Herr
nicht gerade vom Feinsten,
grobschlächtig und rau--.
Und doch
ich habe mich vor Dir entblößt,
im Gegensatz zu Dir
fielen nicht nur Jeans und der Slip-,
sondern auch
all jene Schranken,
die bisher niemand
überschreiten durfte.
Ließ Dich
in all die meinen
Schwächen und Gedanken
schau´n,
die ich sonst so trefflich
verbergen kann.

Nur
Dein Fötzchen
durfte ich betrachten,
Dein Inneres aber nicht.

Narben

Ich blicke auf meinem Körper
voller Narben
-Zeichen von vergangenen Tagen-
-Schnitte so tief und wahr,
Geschichte von dem, der ich mal war.

Wunden der Zeit,
die nun für immer mein Kleid.
Schwer abzulegen
ist sie- ein Fluch oder Segen?

Ein Buch in die Haut geschrieben,
-ein lebenslanger Spiegel.
Begraben in der Zeit
im Nebel der Vergangenheit.

Ich weiß was mich erwartet,
ich kenne zwar nicht Deinen Sohn
Aber ich kenne auch Deine Wege
und weiß- was ich nicht mehr sehen will.

Schon alles bereist,
schon so vieles erlebt.
Alles lange her
von der Zeit verweht...

Sturz

Einst, als ich gleich Ikarus den Himmel sah,
sah ich Blitz und Sonne, Sturm und Regen.
irgendwann schien sich die Welt zu bewegen
und die Vögel waren immer da.

Einmal wollte ich ein Vogel sein,
in das über mir Gewaltige zu steigen.
Aufzuschwingen in das Licht, das Schweigen,
gab mir jeder meiner Träume ein.

So flog ich nun. Eine lange Zeit
und lernte viele neue Sachen
und Dinge, die uns Freude machen.
Nur mich selbst zu erkennen, war nicht bereit.

Und ich kam nun nackt und ohne Wehr.
Aus der Sonne, blind und noch verwegen
stürzte ich der Erde stumm entgegen
und warf mich in das laute Meer.

Nie mehr wollte ich ein Vogel sein.
Nur Wunsch war noch: dem Fisch zu gleichen.
So die dunkle Tiefe zu erreichen,
drang ich nun suchend in die Stille ein.

Und ich versinke. Und tief im Meer
liegt mit mir mein letzter Wunsch begraben.
Dieser Wunsch, den so viele Träume haben:
gebt mir meinen Himmel wieder her !

Größenwahn

Es traf ein kleiner Dackelhund
mit krummen Beinen, doch gesund
einst eine Bernadinerfrau
mit überlegenem Geschau.
Er hielt sie der Betrachtung wert
und wackelte mit seinem Steert.
Jedoch die Rassehundemaid
war, wenn zur Minne auch bereit,
so groß wie alle ihrer Art.
Sie lehnte deshalb, wenn auch zart,
des Dackelfreiers Mühen ab.
Der ärgerte sich nicht zu knapp
und schwor empört sich auf der Stelle;
nun gut, dann bleib´ ich Junggeselle!
Spricht man vielleicht nicht ohne Grund
so manches Mal vom dummen Hund?!

Zelte

Nie der Frauentyp,
ein Aufreißer gewesen.
Und doch
fernab von hier
war ich bereit
zu leben
wegen ihr.
Fernab von hier
war ich bereit
die alten Zelte
aufzugeben,
wegen ihr.
Nur leider hing sie
mit keiner Faser ihres Herzens
nicht ein bisschen
an dem Meinigen.
Noch weniger
als sie
mein wahres Alter hörte,
nicht bereit
zum Risiko
ich durfte wieder gehen,
vielleicht zu groß
die Enttäuschung
meiner Lügen wegen
und sollte
wieder ins Zelt
mit den alten Löchern.

Vergessener Rückzug

Hinter mir
die Brücken abgebrochen
 zu morsch die Substanz
 eine Umkehr
zur Unmöglichkeit gemacht.
Vor mir die Brücken
mit lautem Getöse
 zusammen gebrochen,
da nur auf Lügen und Sand
erbaut.
Ein Vorwärtsschreiten
zur hoffnungslosen
Aussichtslosigkeit geworden.
Zu sagen-
Hab' Dank Mira!-
wäre zu vermessen
 als vielmehr,
eine Rückzugsmöglichkeit
 total vergessen…,
nur soll ich
jetzt
ertrinken?

Pokerspiel

Zu hoch gepokert
im Spiel um Gefühle und um Glück
doch nun tief gefallen.

Zu hoch gepokert
und kein Weg führt mehr zurück
-die Basis durch eigene Hand zerstört.

Zu hoch gepokert
wohl viel zu hoch
so als wär's das letzte Spiel.

Zu hoch gepokert
Er hat's in Kauf genommen
keine Chance zu haben

Zu hoch gepokert
in einem Spiel, was da Leben heißt.
Auf den Verlierer wartet nur das kalte Grab.

Die neuen Mitbürger

Sie sprechen kaum die unsere Sprache
und wenn Du sie etwas fragst,
-...ich nix verstehen...!
Weil sie unsere Sprache nicht beherrschen,
die unsere neuen Mitbürger.

Was sie aber ganz genau kennen
wohl viel mehr als unsereins
die unseren Gesetze
und ihre Rechte,
die sie auf einmal sehr gut verstehen.

Und sie betrachten uns nicht als Helfer,
geschweige denn als Freunde,
sondern als unsere Pflicht
sie und den Rest ihrer Sippe
zu ernähren da im fremden Land.

Wir sind für sie das Fressen
gleich einer Heuschreckeninvasion.
Und glauben mittlerweile schon
selbst ein Teil dieser zu sein.
Schon längst vergessen, wer wir sind.

Deutsches Geld für alle!

Und sie hatte
da auf Arbeit
im Hotel, wo sie
reinemacht
eine Kollegin
mit drei Kindern.
Die Mutter hier,
die Kinder dort.
Und der reiche,
deutsche Staat
zahlt´ s Kindergeld
für Kinder da
im fernen Land
an sie,
als ob er
zu viel Kohle hat---,
das wird dann
bei den eignen
Leuten eingespart.
Und
es wartet noch
der Rest der Welt!

Helene und der Dildo

I.

Helene ist Russin mit urdeutschen Namen
aufgewachsen im fernen Land.
Obwohl sonst keine Bindung zu Deutschland
und der Sprache nicht mächtig,
war wohl deutscher als die Deutschen selbst...
Sie wurde Russlanddeutsche,
nur weil irgendein Nachbar ihrer Eltern
einen deutschen Schäferhund besaß,
dem zu Zeiten von Väterchen Zar
irgendwie eine Linie nach Deutschland
nachgewiesen werden konnte,
und so zur Rechtmäßigkeit erklärt....

II.

In sich vereint all die deutschen Tugenden,
wie Sparsamkeit und Fleiß.
Auf Arbeit immer pünktlich
und jeder Schritt
ein Schritt der Pflicht.
Auch die Raffgier und Geiz
entspricht ganz dem deutschen Wesen,
hat gerissen und besonnen
ihrem Ex zur Scheidung
`s Häuschen abgenommen.
Und ganz vorbildlich- der Sohnemann
fängt ´nen Job bei den Bullen an...

III.

Auch bei mir hatte sie ein ganz
einnehmendes Wesen, die Dame da
aus Dillenburg.-Nicht, dass sie
mich darum bat,
aber Handy, Schmuck und andre Sachen
von mir genommen hat,
alles fast ohne Dankeschön,
trotzdem wollte sie nicht mit mir geh' n.
Nicht bereit mit mir zusammen zu leben
mir etwas von ihr abzugeben.
Ficken mit mir kam für sie nicht in Frage,
aber der geschickter Dildo brachte sie in
Rage.

Guter Rat

Da glaubst nun die Traumfrau gefunden,
alles wunderhübsch-Figur, Gesicht.
Doch Vorsicht, bevor man sich gebunden,
schau Dir an, wie die Mutter ist,
denn die zeigt, wie Deine Braut
in ein paar Jahren ausschaut.
Gott sei Dank, wurde aus uns kein Paar--.
Sie beim Kennenlernen zwar auch nicht
gerade die Schlankteste war,-
doch jetzt im vierten Jahr
zur Pirogge geworden.

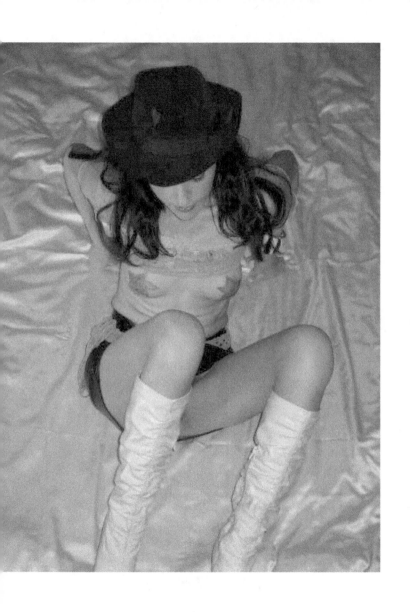

Kurze Begegnung

Sie erzählte mir
 soviel,
 dass ich ihr
 gar nicht so recht
 glauben wollte,-
 auch nicht ihr Kommen.
Umso größer
 mein Erstaunen,
 als sie eines Tages
 vor meiner Türe
 stand.
Doch viel zu kurz
 die Begegnung
 mit ihr dem hübschen,
 albanischen Mädel
 aus dem Kosovo.
Zwei Tage nur,
 die wir zusammen
 verbrachten.
Bis heute nicht
 wissend,
 was sie eigentlich suchte,
Sex oder die
 Liebe für's Leben...
-Nur war sie
 eine der Wenigen,
 die auch wirklich kam
 und keinen Cent verlangte...

Vergessen

Heiß war die Liebe
und eng das Pflegebett
in dem wir´s trieben.
Die Unruhe im Heim
vorprogrammiert.
Unverschämt der Pfleger,
der mir meine Spritze gab,
als ich auf ihr lag...
Sie blieb leider nur
die eine Nacht.
Den Namen von ihr
habe ich vergessen
sie mich wahrscheinlich auch...
Nie wieder etwas
von ihr gehört-.

Vielleicht war ich
wirklich so schlecht...?!?

Laura

Laura kam aus Mexiko
und hatte 'nen herrlich runden sexy Po-
doch nicht nur der war unendlich schön
müsstet erst mal ihre Titten seh 'n...

Sie hatte Feuer im Herzen,
in den Augen voller Glut
Konnte endlich mein Trübsal verkürzen
und machte mein Leben wieder Mut.

Zwar aus fernem Land
Und sprach eine Sprache, die ich
leider nicht verstand,
doch Liebe macht erfinderisch.

Nur gut, dass es Google gibt-
zwar grammatikalisch nicht immer einwandfrei,
so kann man sagen, dass man sie liebt
und dies doch die Hauptsache sei.

Rund

Rund ist die Erde
Und rund ist dein Po,
der mich so betörte
ich will hinein- so oder so!

Rund ist die Sonne
und rund die meine Lust
zu massieren voller Wonne
so wild deine Brust.

Rund ist die Galaxis
Und rund ist deine Möse,
die ich zu ficken- auch ohne viel Praxis
dich gern von Einsamkeit erlöse.

Rund ist der Weltenraum
Und rund sind meine Träume,
beim Aufwachen ich niemals versäume
zu vergessen meinen Traum.

Zu weit

Sie war sehr keusch
und streng katholisch
-ins Bett ging's nicht
nur über Liebelei.
So wurde sie meine Braut
Und das nicht nur symbolisch.
Als Zeichen meiner Liebe
schenkte ich ihr eine Baby-doll
für über tausend Dollar ...
Sicher wird man fragen, was das soll,
doch sie meinte,- das ist unser Kind!
Ihr werdet sagen, die Alte spinnt,
oder ist gar so gerissen
und verkauft' s dann weiter,
wer kann es schon wissen-?
Denn nicht allzu lange waren wir ein Paar,
es währte gerade mal ein Jahr.
--Das Land wohl doch zu sehr entfernt
Und eine fremde Sprache,
die man nie erlernt.
Die Beziehung zu sehr vom Wunsch beseelt
zu weit entfernt von jeglicher Realität!

Nadeschda aus Moskau

Nicht mehr ganz taufrisch
und auch
die Großstadt
hinterlässt Spuren---,
trotzdem noch recht nett
und bestimmt auch
gut geeignet für's Bett---.
Doch nicht der Einzige,
der dies bemerkte.
So viele Interessenten,
die ihre Beschäftigung
um an Geld zu kommen...
Nicht einmal so sicher mehr,
dass doch kein Fake,
sondern echt,
aber letztendlich
nicht bereit,
mich einzureihen
in die Schlange
alter, geiler Säcke.
So kam es so,
dass ich
alter, geiler Sack-
nicht bereit,
irgendwelches Geld
zu geben...

Der Schmetterling

Hey sag,
was ist mit Dir?
Dein Foto, welches
Du schicktest mir
zeigt dich
so gequält
als wärst Du
fix und fertig.
Ich frage mich
Warum,
was ist der Sinn-
--oder hast Du
noch
einen drin?

Und wie Du ausschaust,   mein Missgefaller
so hast Du mir   -Deine   Kontakte
auch geschrieben ...   in Unmengen

nur keine Zeit für mich
   zugegeben den kleinen Schmetterling auf
      Deiner Schulter hätte ich schon gern gefangen.
         Kritik hast Du leider nicht vertragen den Kontakt
            beendet, aber darüber ich war nicht böse

Kamila

I.

Sie heißt Kamila
vierunddreißig Jahre,
ihre Heimat-die Slowakei,
jetzt
im Böhmischen
und erzählte mir,
dass sie ein Sinti sei,
überall
gehasst und vertrieben.
Die Verbrechen an ihnen
einst in Auschwitz
nur als Randglosse genannt,
für Geschichtsbetrachtungen
nicht sonderlich, propagierbar,
daher gern verschwiegen.

II.

Sie verließ
die slowakischen Slums,
die da ohne Wasser und Strom
um menschenwürdig zu
existieren., zurückgeblieben
die Tochter und die Mutter.
Nun allein
im Kampf ums Überleben

im tschechischen Land,
doch dort auch
nicht gerade willkommen,
Zigeuner sind unbeliebt
Und die Lebensmittelpakete
von mir geschickt
zur Linderung ihrer Not.

III

Um sie legal nach
Deutschland zu holen
ohne Ausweis und Geld,
fast unmöglich, hier ebenso
nicht willkommen geheißen
entgegen den Rest der Welt,
die man mit geöffneten Armen
in Gutmenschenart
empfängt, nichts ist zu teuer...
denn letztendlich entscheiden
wir, wer unserer Hilfe würdig
und sich profitabel rentiert.
Eine Wiedergutmachung
gerade hier in Deutschland
wohl längst
schon vergessen?

Mutter und Tochter

Ich weiß nicht mehr
als ich sie kennenlernte,
ob es Mitleid war
oder Liebe
was mein Herz berührte.
Und gleich die Offenbarung,
wo sie herkommt
und das Elend
und wer sie ist.
Ich weiß nur noch
ich war verzaubert
vom Klang ihrer Stimme.
Auch mir es einerlei,
dass sie das Bild
ihrer Tochter
als das ihre
mir unterschob.
Mir gefielen beide
Und mein Wunsch
mit Ihnen
als Familie
zusammen zu leben.
Aber das Leben
sollte gegen uns
sein.

Zigeunermädchen

Ach Ziganka, mein Ziganka
begegnetest mir einst
in einer tiefdunklen Nacht,
sag, was hast du mit mir gemacht?

Ach Ziganka, mein Ziganka
Du bist nicht die Schönheit aus Illustrierten
dennoch berührtest Du mein Herz
und ich möcht' s nicht leiden.

Ach Ziganka, mein Ziganka
Wie einst die Königskinder
konnten wir zusammen nicht kommen,
denn eine ganze Welt war gegen uns.

Ach Ziganka, mein Ziganka
Für Dich gab ich
all mein Gut und Geld
verschuldet bis zum Ende meiner Tage.

Ach Ziganka, mein Ziganka
Auch heute denk ich immer noch
An die Zeit mit Dir zurück.
Ach, wo bist Du nur geblieben?

Hauptsache

Solange,
wie ich Dich kannte,
nur Not und Elend,
die Deinigen ständigen
Begleiter, seit frühen
Kindertagen schon.
Glück hattest
im Leben nie.
Auch keinen
Mann, der sich
um Dich kümmert
und sorgt.

Habe Dir gegeben
soviel, wie nie zuvor.
Gold, Schmuck, Geschmeide,
dass Dir das Herz
im Leibe lacht,
ohne je etwas von Dir
zu erwarten.
-Nicht wissend,
was Du damit gemacht,
ob Du´s aufgeteilt
in Deinem Clan---.
Die Hauptsache ist,
dass Du auch
einmal glücklich bist
in Deinem
freudlosen Leben.

Ellen Part I

Sie war ein Traum
von zweiunddreißig Jahren,
viel zu hübsch
um wahr zu sein.
Und geizte nicht
mit ihren Reizen,
die sie oft
und gerne alles zeigte,
Für mich unerreichbar
dieser Traum,
denn auch leider nur ein Fake
um Geld zu ergaunern....

Ellen Part II

Sie käme aus Ontario
-den Staaten, wie sie sagte...
(Nur Amerikaner wie ich weiß
 zeigen sich nicht gleich,
 wie Gott sie schuf....
 -dazu sind sie
 zu verklemmt und keusch.)
Und obwohl ich wusste,
 dass nur ein kleiner Gauner...
 -es machte Spaß mit ihr
 zu schreiben und steigerte
 die meine Lust.

Und unumwunden
geb´ ich zu,
von diesen Lippen zu träumen
und nicht nur
von den Lippen allein.
Und wiederum bereit
zu neuen Dummheiten
im Wahn
nach diesem
himmlischen Körper
und wenn´s auch nur
ein gefall´ner Engel ist.
Wieder einmal
in unendlicher Dummheit,
für dieses Wesen
bereit,
das Vaterland
zu verraten.

Marina aus Omsk

Unendlich die Weiten
Russland so groß.
Heerscharen von hübschen Frauen,
die nur darauf warten
dich über' s Ohr zu hauen,
wie auch Marina aus Omsk,
die mich so sehr betörte
und mir den Glaube
an die russische Seele zerstörte.
Unendlich die Weiten
unergründlich die russische Seele.,
nicht auf Dich wartend,
auch wenn´s
so scheint.
Interessant ist nur
Deine Kohle
und dafür wird betrogen,
wie auch
Marina aus Omsk,
die russische Antwort
auf Ellen
und
Omsk
ist weit.

Russische Verarsche

Ich liebt´ ein Mädchen in der Sowjetunion,
die sagte immer njet mein Sohn.
War aber d´ rüber nicht betrübt,
weil man in Russland zu oft betrügt.

Man schwärmt die große Liebe vor,
doch am Ende bleibst du der arme Tor-
gibst Dein Geld, das man von Dir erfleht,
doch dann keiner am Flughafen steht...

Denn nun hat man Dein Geld,
ist verschwunden in der weiten Welt.
und lacht sich über Dich kaputt,
zu gutmütig und naiv ist niemals gut.

Es war die Hoffnung, die Du wähntest,
Liebe zu finden, die du ersehntest...
Am Ende vielleicht nicht mal ´ne Lady war,
sondern ein Komsomolze, wie sonderbar.

Und Marina schrieb, sie wolle kein Geld
-kam mir vor, wie der superschlauer Held.
Hier kann Dir diesmal nichts passieren,
das große Glück und kein blamieren.

Sie bat mich nur um die Kleinigkeit
ihren Chef zu helfen, der zur Zeit
viel einkauft in Shops im Internet,
gern eine Station in Deutschland hätt.

Ich solle empfangen all die Sachen,
daraus ein großes Paket machen
und dann nach Russland senden,
so wir uns bald sehen könnten.

Der Chef würde den Flug finanzieren
und mir würde nichts passieren,
da ich keinerlei Kosten hätte
und dem Chef einen Gefallen täte.

Dies erschien mir nur logisch
risikolos für mich und ich
nahm Monate hunderte Pakete an
schickte sie nach Russland dann.

Und zwischendurch immer wieder
zuckersüße Lieder,
wie man mich doch liebt
und dass es keinen bessren gibt.

Ich sammelte, schickte und schickte,
aber alles was ich erblickte
waren nur liebreizende Mails und diese:
Wann ich denn endlich Geld überwiese?

Für die bezogenen Waren,
die an mich geschickt worden waren,
die Schecks allesamt geplatzt
ch nun in Deutschland als Betrüger getatzt...

Großen Ärger hat ich dann bei der Polizei,
dass ich Mitglied einer Betrügerbande sei.
Musste mir vorwerfen lassen,
soviel Naivität von mir sei nicht zu fassen...

Natürlich fand man in Russland
Keinen,-auch der Adressat dort unbekannt.
Nur die Erinnerung ist an Marina geblieben,
hatte ich gar nur mit ihren Chef geschrieben...?

Fragen

Trau' keiner
noch so hübschen Seele
aus der Ferne
Ferne ist weit
und trügerisch.
Nähe ist grausam,
barmherzig Distanz...
Und sie erzählen
Dir gerne
russische Männer
seien schlecht und trinken,
glaube nicht diesen
Schmarr 'n!
Denn
überall wird gesoffen
und überall
gibt es Prinzen und Pfeifen.
Warum sollte sich
ausgerechnet so eine Lady
gerade auf Dich versteifen?
Dein Alter,-Deinen dicken Bauch,
die es in Russland
zu tausenden gibt...?
Oder vielmehr
Deine Naivität,
einzigartig
um Dich ....?

Matrioschka

Ach Matrioschka, kleine Matrioschka
Ich war so sehr in Dich verliebt,
doch du hast mein Herz betrübt.
Ach Matrioschka, kleine Matrioschka
Wohl wissend und in der ganzen Welt bekannt
Du stehst für das große Russland.
Ach Matrioschka, kleine Matrioschka
Du bist das Wesen der russischen Seele,
bist so lieb, doch duldest keine Befehle.
Ach Matrioschka, kleine Matrioschka
Deine Seele so unergründlich
So unendlich die Facetten, die da befindlich.
Ach Matrioschka, kleine Matrioschka
Sehr hübsch bist Du anzuschau´n
Aber in Dir stecken zu viele andere Frau´n.
Ach Matrioschka, kleine Matrioschka
Wie viele Matrioschkas noch in dir stecken,
konnte ich bisher noch nie entdecken.
Ach Matrioschka, kleine Matrioschka
Auch wenn ich Dich näher kennenlernen wollte.,
im weiten Russland dies mir nie gelingen sollte.

Und sie stecken ineinander
Und decken sich, wenn man ihrer habhaft werden will

Inhalt: